Para: _____

De: _____

Mãe,
fique sempre comigo

LIDIA MARÍA RIBA

Você me ensinou,

mãe...

que o seu coração é capaz

de guardar

Que há um Deus
que me escuta

mesmo quando nada Lhe digo.

Que o amor
se demonstra,
acima de tudo, com
pequenas
atenções.

Que a sua proteção alicerçará toda a minha vida, mesmo quando me apoiar sem que eu perceba.

Que minhas **vitórias** *lhe dão mais alegria do que se fossem suas.*

Você me ensinou, mãe,
que sou responsável pelo meu

destino.

Que, apesar dos meus medos, devo crer que

meus sonhos são possíveis.

E que, aconteça o que acontecer, sempre contarei com *sua compreensão* e *seu abraço.*

Você me ensinou a amar as histórias familiares,

para que essas
recordações
íntimas
me ajudem
a construir

minhas próprias viagens.

E me ensinou, mãe,
que, quando eu

esmorecer

ou renunciar

às minhas ilusões,

seu amor e sua confiança me darão

forças

para eu dar tudo de mim

uma vez mais.

Por isso, mãe, hoje eu lhe peço:

fique comigo.

Quando eu tiver
que enfrentar
meus desafios.

*Quando parecer
que a abandono
por causa
dos amigos,
do trabalho
ou da distância.*

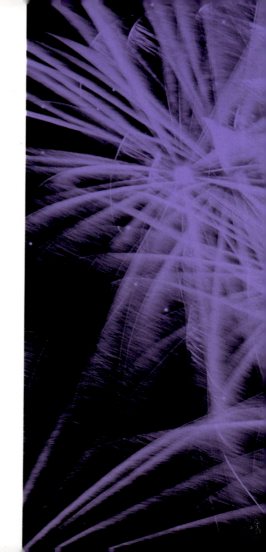

Quando um problema me angustiar

a ponto de gritar

seu nome

dentro do meu

coração.

Fique comigo, mãe,

nas *horas felizes*

dos *sonhos*
realizados.

Quando meus fihos
me rodearem

e, também, quando
se afastarem.

Quando sentir o frio silêncio das ausências.

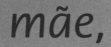

mãe,
fique sempre comigo,
compartilhando tudo

o que há de mais profundo

em *minha alma.*

Direção de arte: Paula Fernández
Direção editorial: Lidia María Riba
Design: Tomás Caramella
Revisão: Jussara Lopes

Fotos: © Stone

© 2013 V&R Editoras | © 2013 Vergara & Riba Editoras S/A

Todos os direitos reservados. Proibidos, dentro dos limites estabelecidos pela lei, a reprodução total ou parcial desta obra, o armazenamento ou transmissão por meios eletrônicos ou mecânicos, fotocópias ou qualquer outra forma de cessão da mesma, sem prévia autorização por escrito das editoras.

Rua Capital Federal, 263 - CEP 01259-010 - B. Sumaré - São Paulo - SP
Tel./Fax: (55-11) 4612-2866 · e-mail: editoras@vreditoras.com.br

ISBN: 978-85-7683-269-0

Impresso na China · Printed in China

Dados Internacionais de Catalogação na Publicação (CIP)
(Câmara Brasileira do Livro, SP, Brasil)

Riba, Lidia María
Mãe, fique sempre comigo / Lidia María Riba;

(Coleção pequenos grandes presentes)

Título original: Mamá, quédate conmigo.
3ª reimpr. da 1. ed. de 2004.
ISBN 978-85-7683-269-0

1. Mães e filhas 2. Máximas I. Título.
II. Série.

10-13291 CDD-ar868

Índices para catálogo sistemático:
1. Mensagens de filhas para mães: Máximas:
Literatura argentina   ar868

Sua opinião é muito importante para nós!

Escreva um e-mail para **opiniao@vreditoras.com.br**
com o título deste livro no campo "Assunto".